ROTINA CRIATIVA

E HÁBITOS QUE MUDAM

Larissa Rodrigues

1ª edição

CB010510

— Galera —

RIO DE JANEIRO

2022

EDITORA-EXECUTIVA
Rafaella Machado

COORDENADORA EDITORIAL
Stella Carneiro

EQUIPE EDITORIAL
Juliana de Oliveira
Isabel Rodrigues

Lígia Almeida
Manoela Alves

REVISÃO
Renato Carvalho

CAPA, PROJETO GRÁFICO E DIAGRAMAÇÃO
Gabriella Gouveia

CIP-BRASIL. CATALOGAÇÃO NA PUBLICAÇÃO
SINDICATO NACIONAL DOS EDITORES DE LIVROS, RJ

R614r

Rodrigues, Larissa
   Rotina criativa e hábitos que mudam / Larissa Rodrigues. - 1. ed. - Rio de Janeiro:
Galera Record, 2022.

   ISBN 978-65-5981-094-9

   1. Comportamento - Modificação. 2. Mudança de hábitos - Conduta. 3.
Criatividade. 4. Técnicas de autoajuda. I. Título.

21-74973

CDD: 153.85
CDU: 159.943.7

Meri Gleice Rodrigues de Souza - Bibliotecária - CRB-7/6439

Direitos exclusivos de publicação em língua portuguesa somente para o Brasil
adquiridos pela
EDITORA GALERA RECORD LTDA.
Rua Argentina, 120 - Rio de Janeiro, RJ - 20921-380 - Tel.: (21) 2585-2000,
que se reserva a propriedade literária desta obra.

Impresso no Brasil

ISBN 978-65-5981-094-9

Seja um leitor preferencial Record.
Cadastre-se e receba informações sobre nossos
lançamentos e nossas promoções.

Atendimento e venda direta ao leitor:
sac@record.com.br

*Ao Gael, meu filho.
Talvez este livro nem existisse
se ele não estivesse aqui.*

SUMÁRIO

1. DESCONSTRUÇÃO DO CERTO

A primeira coisa que eu quero que você entenda aqui é que não há espaço para julgamentos. Você passou grande parte da sua vida tentando seguir regras sobre organização e disciplina. Hoje, com certeza já percebeu que nada disso foi de fato eficaz para o que você realmente pretende atingir.

As regras não são de todo modo ruins, elas apenas são feitas de maneiras iguais para pessoas diferentes. Mas cada um de nós funciona de um modo. Desde o organismo até o ambiente que convive.

Você é uma pessoa e eu outra. E por isso, o que funciona pra você pode não se aplicar a minha realidade.

Hora de desconstruir o certo. Afinal, certo pra quem?

Na infância tínhamos tarefas para casa e para a escola, quase sempre me questionava o porquê de além de ter de fazer as tarefas na escola precisava também fazê-las em casa. *A escola já não era pra isso?*

Ninguém me disse, no ensino primário, que eu precisava treinar em casa para me aperfeiçoar, nem me contaram uma história inspiradora sobre constância. A interpretação que eu tinha era baseada apenas no fato de que, quando eu chegasse em casa, teria que repetir os mesmos exercícios feitos na aula. Cresci sendo uma aluna mediana e detestando realizar qualquer atividade de casa. Sério!

Minha irmã, que me ensinava tudo e também veio a ser minha professora de história no futuro, tentava de todo modo me fazer ter disciplina.

Mas por que eu estava tão errada se a única resposta que me davam não respondia a minha pergunta, que era tão simples de ser respondida se alguém tivesse tido vontade o suficiente para entender uma criança?

Bastava dizer: se você treinar em casa e criar constância, aprenderá os verbos e as tabuadas, a repetição te ajudará a se aperfeiçoar.

Mas ninguém fez isso. *Não que eu lembre.*

Quando fui para o ensino fundamental 2 as coisas melhoraram. Passei a estudar filosofia e redação, conheci um professor incrível de redação, e ele me fez amar escrever. Além de incluir gincanas e dinâmicas bem diferentes que me permitiam treinar a criatividade.

Nas aulas de filosofia e sociologia podíamos ler em voz alta e, às vezes, criávamos duplas para debates e diálogos. A partir disso eu entendi o quanto era importante questionar.

Talvez eu nunca tenha dito a eles, mas ainda está em tempo: Greice e Ricardo, vocês salvaram a minha relação com os estudos e espero que mais alunos sintam o mesmo. Por conta deles eu ressignifiquei a minha relação com os estudos e depois disso as coisas só melhoraram.

Essa parte é pra te fazer perceber que mesmo que você aprenda um método, seja ele o meu ou o do BJ Fogg, você tem total liberdade para aplicá-lo como quiser à sua realidade. Não existem regras quando estamos buscando por uma rotina criativa, apenas testes.

- Se você aprendeu a estudar de uma forma não confortável pra você;
- Se o seu trabalho possui um sistema engessado;
- Se a organização da casa dos seus pais não se encaixa com a sua;
- Se você se considera um caso perdido porque não consegue manter a ordem na casa.

Este livro é pra você. E, não, você não é um caso perdido.

Hora de desconstruir

A sociedade cria regras para que os valores morais sejam minimamente respeitados, e vivemos o tempo inteiro seguindo ordens criadas por alguém e para alguém. Seja a escola, o trabalho ou... a casa da sua mãe.

Se você trabalha, estuda ou mora com alguém, você precisa seguir algumas regras para não desrespeitar o espaço de outras pessoas. Mas são apenas recortes pessoais do que aquela instituição ou indivíduo aceita. Talvez você não possa entrar de chinelo na casa da sua tia, mas na casa da sua mãe seja permitido. Assim como as escolas no Brasil exigem uniforme e em outros países não. Por isso é importante entender se essa prescrição se relaciona com o que você busca ou somente na realidade de outras pessoas. Mas reforço: valores sociais e morais são o básico para vivermos em sociedade, sobre esses não iremos discutir neste livro, apenas sobre a repetição de costumes e preceitos que pessoas criaram para si mesmas a respeito de seus valores, esses sim precisam ser reavaliados para que as suas escolhas sejam respeitadas de forma individual.

Portanto, o que você precisa é aprender a incluir aquilo que faz sentido para sua vida. Neste livro você saberá como fazer isso. E com certeza ele é o desmanual do modelo de vida ideal. Aqui não buscamos alta performance, mas sim uma vida repleta de significado.

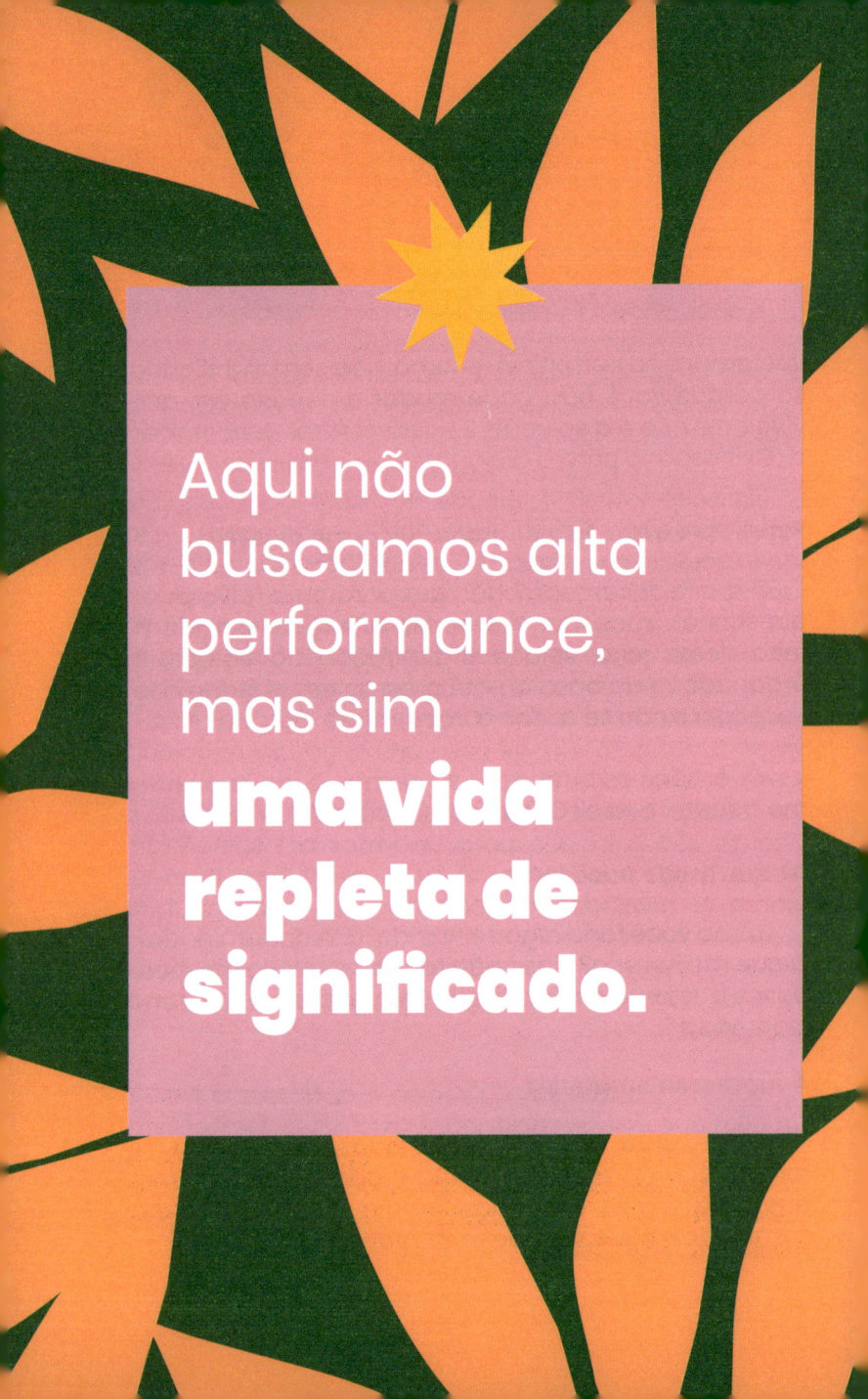

Aqui não buscamos alta performance, mas sim **uma vida repleta de significado.**

Como implementar ideias, gostos e sugestões na sua realidade

Reclamar e se permitir viver uma vida sem significado só porque você não pode mudar o cenário em que vive hoje não é a solução. É possível fazer concessões e abrir espaço para o diálogo.

Fale sobre o que te incomoda de forma objetiva

O que te incomoda? Não use a ira ou a raiva para questionar, mas busque explicações do porquê é feito desse jeito, seja a organização da equipe, a organização da casa ou até mesmo um método que você usa e não se aplica a você, como dietas e afins.

Questione os outros e a si mesma: por que eu não me adaptei a isso? Como posso mudar?

De que modo você faria

Como você faria algo se não do jeito determinado? O que melhoraria? Caso não tenha um plano objetivo, pense bastante em formas diferentes para o que tem incomodado você.

Adapte a sua maneira

Leia sobre diferentes métodos, leia sobre um tema, aprenda sobre uma luta e adapte ao máximo que puder à sua realidade. Como é possível encaixar o trabalho na sua vida de uma maneira prazerosa?

O que é possível incluir de reciclagem na sua casa? Você não precisa seguir à risca o que aprende ou o que deseja incluir na sua vida, apenas adaptar aos poucos.

Não seja metódica

A mudança não vem da noite para o dia, aprenda no caminho e novamente desconstrua o certo. Isso se aplica às regras impostas pelos outros e também às suas. Seja flexível, entenda o ponto de vista das pessoas e crie um meio-termo.

Talvez você estivesse esperando uma resposta mais fácil e pronta, mas aqui a gente dá uma mexidinha na zona de conforto. **Se reconhecer como agente de mudança é parte do movimento que você está estabelecendo na sua vida.**

Quadro de desconstrução do certo

O que você considerava não fazer tão bem ou da forma certa e que hoje aprendeu formas diferentes de executar? Antes de escrever no seu quadro, veja o exemplo.

A ideia é que você identifique algumas mudanças e depois se dedique ao que pode implementar com as ferramentas que já tem disponíveis.

Por exemplo, eu cresci tendo que arrumar o guarda-roupa uma vez ao mês e era sempre aquele perrengue: remover toda a roupa do armário de uma só vez e perder quase 4 horas do dia.

A solução que encontrei foi passar a organizá-lo por partes e isso me fez não procrastinar mais na tarefa. Toda semana arrumava algumas gavetas, dependia do estado de cada uma. E assim, no final do mês, o guarda-roupa estava sempre organizado.

Quando enxergamos as desconstruções que fazemos nos mínimos detalhes da nossa vida, conseguimos adaptar até mesmo as partes mais complexas.

Veja:

Exemplo 1

Como era:

Usar apenas o sistema da empresa para organização de tarefas.

Dificuldade encontrada:

As tarefas que surgiam de última hora ou com mais urgência faziam eu me perder.

Como solucionar:

Usar o sistema para acompanhar os projetos em grupo e um planner ou bloco diário para as microtarefas que surgiriam no decorrer do dia. A desconstrução do certo está ligada a tudo, incluindo o *modus operandi*. Sempre é possível adaptar.

Exemplo 2

Como era:

Eu me enxergava como uma pessoa desorganizada por não conseguir organizar as roupas.

Dificuldade encontrada:

Muito tempo dedicado a uma tarefa entediante.

Como solucionar:

Aprender métodos com Marie Kondo para organizar com mais afeto.

Exemplo 3

Como era:

Não conseguia beber água.

Dificuldade encontrada:

Falta de hábito e de prazer.

Como solucionar:

Implementei a água saborizada e passei a beber até mais do que o esperado.

Muitas vezes o modo como te ensinaram a fazer algo não é aplicável a você. Isso não te classifica como um caso perdido, apenas como uma pessoa que precisa encontrar caminhos diferentes.

Busque aquilo que se adapta a sua realidade.

Quadro de desconstrução do certo

Como era	Dificuldade encontrada	Como solucionar

Você acabou de entender como funciona a desconstrução do certo e pode estar desfrutando nesse momento da coragem que isso traz. Mas preciso te preparar para um ponto tão importante quanto este.

2. LIDANDO COM AS FALHAS

Já entendemos que muitas coisas com as quais não nos adaptamos foram criadas para suprir a necessidade de outras pessoas e, tudo bem não se encaixar. Agora estamos mais livres para criar do nosso modo, respeitando nossas variações e necessidades. Nos sentimos prontos para criar algo que faça nossa vida funcionar para sempre, o único problema é que a frase **"funcionar pra sempre"** *não funciona*.

Nada é pra sempre, e isso é muito bom!

Exceto pelo fato que nós também não somos… para sempre.

Você vai lidar com falhas e essas falhas mostrarão alternativas boas e ruins. Você fará novos testes e determinará qual funcionará de agora em diante. Nenhuma decisão é eterna. Principalmente quando estamos falando sobre organização, rotina e planejamento. Não se prenda à ideia de que o que é bom não precisa ser modificado. Sempre precisa.

O fim do ano se aproximou e você tinha algumas decisões importantes para tomar, dentre elas: mudar seu filho de escola e começar uma pós-graduação. Ambas precisavam ser decididas por você com base no que você considerava certo no momento.

Você escolheu. E adivinha? Não foi!
Acontece! Perceber isso não é motivo para ficar frustrada.

O que aconteceu é que a escola do seu filho, apesar de melhor que a anterior, era mais distante e por isso você quase chegava atrasada no trabalho, e a pós--graduação só tinha vaga aos sábados, justamente o dia que você tinha livre para usufruir de um hobby ou curtir o filho.

Você identificou as causas e o grande desafio é não deixar que essas decisões te frustrem. É possível encontrar paz no caos e neste momento eu quero que você pense: *Existe alternativa.* Qual?

1. Procurar uma escola nova para seu filho;
2. Voltar para a antiga;
3. Escolher um novo horário na pós-graduação;
4. Trancar e esperar abrir vaga em um horário melhor.

Há caminhos alternativos para quase todas as nossas escolhas. Até mesmo as mais drásticas. Reagir, por exemplo, é uma alternativa ao luto. A verdade é que em algumas situações tomar uma decisão é muito difícil, principalmente quando põe a nossa ideia de conforto em jogo, mas os riscos são necessários para a nossa evolução.

Mas como lidar com falhas diárias na rotina?

Quando se trata de uma decisão em que você buscava fazer o melhor, não há espaço merecido para culpa e mesmo assim ela tenta habitar. Seja em grandes ou pequenas decisões diárias.

Falhas que ocorrem no nosso dia a dia e nos deixam frustradas

- Esquecer de beber água de manhã mesmo tendo combinado consigo mesma;
- Esquecer de compromissos com frequência mesmo usando o calendário;
- Deixar tarefas importantes para a última hora do dia;
- Comprar mais livros do que realmente é capaz de ler, mesmo tendo inúmeros na estante;
- Pedir comida via delivery mesmo tendo alimentos para preparar algo em casa;
- Se matricular na academia, mesmo sabendo que no mesmo mês terá uma semana intensa de provas e possivelmente irá faltar.

As falhas são inúmeras e vão existir sempre. Mas podemos lidar melhor com elas.

Como evitar falhas banais do dia a dia que geram descontentamento

1. Revisite os hábitos que você está tentando manter

O que você pode estar fazendo errado na execução de um novo hábito? Talvez os horários que você se propõe para a realização? O tempo que você tem disponível é mais curto do que o necessário para esse hábito?

No livro *Micro-Hábitos*, BJ Fogg ensina algumas formas de reduzir a motivação de um hábito a zero. A ideia é que você não conte com a motivação para executar seus hábitos, por isso ele reforça que de início você pode combinar o mínimo possível até que esse hábito seja consolidado na sua rotina. Criar uma espécie de rituais com os comportamentos ideias que te ajudem a atingir o objetivo final: realizar o hábito. Fogg reforça que mesmo as teorias acadêmicas podem nos levar ao fracasso quando tentamos contar com a motivação ou força de vontade já que ambas estão em constante mudança. Em seu livro cita diversos exemplos de como pessoas que começam novos hábitos seguidos de uma motivação grandiosa tendem a se sentir fracassadas depois, pois se nem com o mais alto nível de motivação elas conseguiram

manter um determinado comportamento, de que modo levará o hábito adiante? Por isso é importante reduzir um hábito ao menor esforço possível. Combiná-lo com outros comportamentos na rotina até que se torne mais natural e não dependa de uma grande mudança.

Todos os dias de manhã faço yoga e isso me deixa muito contente comigo mesma, pois já lido com uma frustração absurda por não conseguir manter a constância nas idas à academia. Mas consigo manter o hábito diário de fazer yoga. No entanto, comecei a perceber uma falha na execução. Todos os dias antes de esticar meu tapete de yoga, pegava o celular para desligar o alarme e isso me levava a desbloquear o celular para checar um ou outro e-mail — hábito esse que eu não tinha.

Todos os dias estava perdendo pelo menos 10 minutos verificando o Telegram do *Hábitos que Mudam* e o e-mail, tentei parar, deixando o telefone distante, tirando o alarme e usando um relógio, mas nada funcionou.

Pensei: como mudar esse comportamento que eu considero tão ruim para minha rotina matinal?

Resolvi fazer uma adaptação na minha rotina noturna para evitar esse comportamento de verificar o celular pela manhã.

Todos os dias de manhã faço uma coisa que não falha nunca: ligo a cafeteira e preparo o café. Antes de qualquer hábito de meditação ou yoga, preparo o café, pois assim que finalizo as práticas, pego uma xícara e começo a me arrumar.

Percebido isso, passei a limpar a cafeteira à noite e deixá-la preparada com o pó e a água, pois assim eu não ficaria 5 ou 10 minutos limpando a cafeteira e preparando-a para uso. Quando eu acordasse bastaria apenas ligar a máquina na tomada. Não há espaço para mexer no celular. Logo em seguida estendo meu tapete de yoga.

Funcionou. Já que para mim ligar a cafeteira já era algo natural ao acordar. Deixar tudo organizado na noite anterior, facilitou meu processo de começar o dia fazendo yoga e não gastar meu tempo visualizando e-mails num momento inapropriado.

Tirei a falha da minha rotina matinal identificando uma possibilidade.

Essa é uma forma de identificar na sua rotina como remover um ruído ou falha que você não estava conseguindo com as formas convencionais.

2. Essa falha ocorre por quê?

A maioria das falhas ocorrem por motivos mais simples do que você possa imaginar e uma simples pergunta como essa pode te trazer breves soluções.

Muitas das minhas alunas e seguidoras se queixam por não conseguirem manter as atividades e tarefas que se propuseram a fazer e com isso se sentem frustradas. O que elas não sabem é que elas mesmas respondem a causa disso: excesso.

O excesso de tarefas que colocamos em nossas listas nos faz procrastinar com mais facilidade e então, o sentimento de culpa assombra nossa rotina. Além do que, há tarefas e atividades que você não imagina o tempo que leva executando e por isso elas tomam conta de uma tarde inteira. O que faz com que outras atividades da sua rotina sejam adiadas por falta de tempo.

O que pode te ajudar é usar o método pomodoro para as tarefas que costuma realizar diariamente, assim você terá uma média de tempo para elas. O Método Pomodoro consiste em marcar 25 minutos no timer enquanto realiza alguma tarefa, após os 25 minutos você faz uma pausa de 5 minutos. Ao completar 4 pomodoros de 25 minutos, faça uma pausa de 15 a 30 minutos. Utilizando o método Pomodoro você saberá quais tarefas consomem mais o seu tempo e quais você finaliza em menos tempo do que se propôs.

Outra forma de evitar incluir tarefas demais em um único dia é reuni-las em uma caixa de entrada.

Caixa de entrada

Muitos de nós já fazemos isso no nosso dia a dia. A caixa de entrada nada mais é do que criar uma lista com todas as tarefas da sua vida. Seja comprar leite para o filho ou enviar uma nota fiscal.

Em vez de deixar um tanto de afazeres ocuparem lugar na sua mente, liste-os num lugar seguro. Deixe as tarefas pessoais e profissionais na mesma lista. Quando for organizar sua semana, distribua-as de acordo com a disponibilidade e urgência nos dias. Isso te ajudará a evitar uma mente lotada e, ao mesmo tempo, olhar com atenção para o que é prioridade.

Faça os exercícios

1. Situações, tarefas e atividades que costumo falhar:

- Ex. 1: Responder e-mails;
- Ex. 2: Realizar exercícios físicos na academia.

2. O que motiva a falha:

- Ex. 1: Falta de disciplina e horário certo para execução;
- Ex. 2: Tempo gasto no deslocamento até o local.

3. Como posso tentar evitar a falha:

- Ex. 1: Criando um ritual para a tarefa. "Depois de tomar café, responderei o meu e-mail mais importante";
- Ex. 2: Assinando um plano de exercícios em casa.

É bem mais fácil solucionar as falhas quando visualizamos o que nos leva a não executá-las.

Você vai falhar, pois é parte da nossa vida humana. Portanto, não gaste tempo tentando ser perfeita.

Use as suas falhas para encontrar caminhos diferentes.

3. ORGANIZAÇÃO INTUITIVA

Você se lembra de quando usou a palavra organização pela primeira vez?

Provavelmente você não faz a menor ideia, já que palavras como essa são inseridas no nosso vocabulário desde muito cedo. Seja na escola ou em casa, você as ouve com a mesma frequência da que te perguntam se está com fome.

Organizar significa: "**pôr ordem**", "**dispor de forma ordenada**", "**arrumar**", "**ordenar**" e por aí vai.

E como qualquer coisa em nossa vida, sabemos que há técnicas e métodos de como organizar cada item para que fiquem expostos ou guardados da melhor maneira possível.

No banheiro podemos organizar o que ficará exposto na parte superior do armário, na cozinha decidir quais alimentos ficarão na lateral da geladeira e no escritório podemos criar subpastas para reunir boletos de diferentes contas.

É importante lembrar que sempre que chegamos a algum lugar, outra pessoa já esteve lá, seja deixando uma boa ou má impressão. Estamos sempre *seguindo* ou *extinguindo* algum padrão.

A questão é: como encontrar a forma correta ou a que solucione sua inquietação?

Como tornar o sistema da empresa funcional para todos e como manter a organização da casa de um modo que você ou outros moradores encontrem o que procuram?

Há alguns anos assisti à série *Ordem na Casa* da Marie Kondo e me senti muito inspirada a organizar melhor o meu guarda-roupa e no mesmo momento em que assistia à série me senti motivada a começar. O método de Marie Kondo é utilizado por milhares de pessoas e superaclamado. Eu mesma admiro e tentei implementar, mas com o passar dos meses não foi *tão prazeroso* incluí-lo na minha rotina.

Isso não significa que o método não seja eficaz, mas sim que eu precisava encontrar outra maneira de manter esse hábito, que é importante pra mim, sem que causasse tédio.

Continuei mantendo a forma que aprendi de guardar roupas jeans, mas parei de organizar meu armário todo num único dia.

Percebi que o que me deixava desmotivada era tirar todas as roupas do armário e começar do zero — como fazia desde criança ordenada pela minha mãe.

Sempre gostei de manter a organização das coisas, seja gavetas, pastas, armários etc. Mas com o meu guarda-roupa tinha uma dificuldade em fazer manutenção, em vez de organizá-lo sempre que algo estivesse fora do lugar eu esperava se tornar uma tremenda bagunça para arrumar novamente. Ao identificar esse problema e ler livros e artigos sobre hábitos entendi que a grande questão era que arrumar um guarda-roupa inteiro me tomava pelo menos 3 horas ininterruptas e isso me deixava exausta e entediada, além de disputar tempo com outras tarefas que eu julgava **mais importantes.**

Passei a definir a **semana da arrumação** e a partir de então todos os dias arrumava uma parte ou 3 gavetas. Não tirava tudo ao mesmo tempo e sim cada gaveta por vez. Criei um ritual para isso com direito a música ou uma série num período de até 40 minutos. Alguns dias eu me empolgava e finalizava quase tudo, mas sem sentir o desânimo de ter uma tarefa de horas pela frente.

Percebi que algo incrível estava acontecendo, estava seguindo a minha intuição. **Livre de restrições.**

Seguindo a sua intuição

Existem diferentes métodos para seguirmos e cada um deles resolve um problema, muitos funcionam para milhares de pessoas e outros para outras milhares, e mesmo assim podem não funcionar para você ou funcionar parcialmente.

Você não precisa seguir tudo o que aprende à risca, mas sim a sua intuição. Muitas vezes ela nos mostra o que precisamos incluir ou remover para que algo seja eficaz na nossa vida, mas não damos muito ouvido, afinal, como discordar de uma coisa que se aplica a tantas pessoas para ouvir o que a sua intuição diz?

Aí é que está.

A SUA INTUIÇÃO ESTÁ TENTANDO RESOLVER OS SEUS PROBLEMAS E NÃO OS DO MUNDO.

A sua intuição está tentando resolver os seus problemas e não os do mundo. Ela é baseada apenas nas suas necessidades e por isso o valor é imensurável.

Alinhe a sua intuição ao que você considera mais prazeroso no que aprendeu e siga criando a sua fórmula mágica para uma organização intuitiva.

Veja abaixo uma lista com diferentes áreas que você pode organizar:

- **Arrumação da casa;**
- **Área externa da casa;**
- **Guarda-roupas;**
- **Geladeira;**
- **Armário da cozinha;**
- **Potes;**
- **A faxina da casa inteira;**
- **Planejamento semanal;**
- **Pastas no computador;**
- **E-mails;**
- **Horário para cada tarefa;**
- **Home office;**
- **Área de trabalho;**
- **Brinquedos das crianças;**
- **Tarefas de projetos.**

Crie a sua própria lista com coisas que deseja organizar

Agora escreva o que não faz você sentir prazer ou vontade:

Escolha uma área para começar de uma forma diferente, seguindo sua intuição e criatividade:

4. CONHECENDO SUA ROTINA

Tenho uma lista de frases que ouço com frequência, mas sem dúvida quando o assunto é rotina a campeã é "não consigo manter uma rotina".

No início do livro falei sobre como aprendemos as coisas seguindo os padrões sociais e a rotina ocupa o primeiro lugar na lista de atividades que não controlamos e nem sempre são adaptadas à nossa maneira.

Primeiramente quero te apresentar o **cronotipo**, caso você não saiba o que é.

O que é cronotipo

O cronotipo é a sincronização do ritmo circadiano, que ocorre a cada período de 24 horas.

O ritmo circadiano é o mecanismo pelo qual nosso organismo se regula entre o dia e a noite. Deste modo os nossos processos fisiológicos são comandados para que nosso corpo acorde, sinta fome ou sono, seja ativado etc.

Cronotipos são os nossos perfis de preferência circadiana. No livro *O poder do quando*, de Michael Breus, você pode entender melhor sobre este assunto.

Geralmente temos três cronotipos:

- **Matutinos**: Pessoas que se sentem melhor ao dormir e acordar mais cedo do que a média geral. Pessoas matutinas normalmente estão mais dispostas e trabalham melhor na parte da manhã;

- **Vespertinos**: Pessoas que preferem dormir e acordar mais tarde. Pessoas vespertinas geralmente estão mais dispostas e trabalham melhor no final da tarde ou começo da noite. Podem ter dificuldade para trabalhar de manhã cedo;

- **Intermediários**: A maioria da população se enquadra neste cronotipo. Essas pessoas têm mais flexibilidade para adequar sua rotina a alterações, seja para atividades mais cedo ou mais tarde.

Há também outra forma de descobrir o seu cronotipo, que é através de quatro arquétipos conhecidos como: lobo, leão, golfinho e urso.

Caso queira fazer o teste e descobrir o seu, acesse: https://institutodosono.com/teste-de-cronotipo/

O que você precisa saber antes de conhecer a sua rotina é que há um ritmo para todos os seres vivos, mas com o passar do tempo desenvolvemos formas individuais de reagir aos horários e por isso muitas pessoas adquirem hábitos e horários diferentes umas das outras.

Você possui momentos específicos para realizar cada coisa, mas também precisa se adaptar às demandas e compromissos da vida externa. Nem sempre será possível fazer yoga à noite, mesmo que seu corpo funcione melhor neste turno. Entender isso é muito importante para evitar a frustração.

Mapeamento de rotina

O mapeamento de rotina é um exercício desenvolvido por mim com o intuito de fazer você entender como funciona sua rotina. Quase sempre nesta etapa as pessoas têm pela primeira vez o contato com suas atividades invisíveis, aquelas que não colocamos no nosso planejamento, calendário ou bloco de tempo e quase sempre esquecemos que as executamos.

Conheça os 4 tipos de tarefas

Tarefas necessárias

Tarefas que são feitas diariamente e são importantes para sua rotina e evolução. Por exemplo, levar o filho na escola, ir ao trabalho, levar o pet para passear etc.

Tarefas prioritárias

Tarefas que quando surgem precisam ser executadas antes de tudo e quase sempre se repetem no mês ou semana. Por exemplo, aulas de inglês toda segunda-feira, entrega de relatório no fim de cada mês, pagamento de contas todo dia 10, terapia quinzenal etc. Essas tarefas são prioridade em algum dia, momento ou mês específico.

Tarefas secundárias ou invisíveis

Tarefas que podem ser feitas em pouco tempo e quase sempre você não planeja quando irá executá-las. Por exemplo, preparar a marmita, pôr roupas para lavar, escolher a roupa do dia seguinte, ouvir podcast enquanto lava a louça etc.

Tarefas QUAVI

Tarefas que trazem qualidade de vida. Não são necessariamente tarefas, mas neste momento de mapeamento precisamos tratá-las assim. Podem ser hobbies ou hábitos que você executa ou deseja ter na sua rotina. Ler, assistir a séries, praticar lettering, assistir a um curso de culinária, correr, fazer yoga etc.

Você deve estar se perguntando por qual razão os exercícios físicos não são incluídos como necessários e a resposta é bem simples: tarefas necessárias são as que não podemos de forma alguma deixar de fazer, pois há regras e compromissos externos.

E o nosso objetivo neste livro é evoluir nossa rotina para uma vida criativa e com significado e isso envolve transformar nossa visão de hábitos e hobbies como tarefas que, além de serem necessárias para nossa saúde, promovem qualidade de vida.

Agora faça uma lista de quais são suas tarefas necessárias, prioritárias, secundárias e QUAVI.

Tarefas necessárias	Tarefas prioritárias

Tarefas secundárias ou invisíveis	Tarefas QUAVI

Agora que você já sabe onde as tarefas da sua rotina estão alocadas, é o momento de entender o que é prioridade na sua rotina.

Como definir prioridade

Reflita sobre as tarefas que você costuma fazer com urgência, desde as que surgem de última hora até as executadas com data marcada.

Exemplos de prioridades:

1. Levar filho ao pediatra;
2. Fazer matrícula na academia;
3. Pagar a autoescola;
4. Manicure;
5. Gravar vídeo;
6. Faxinar a casa;
7. Pedir sacolão;
8. Enviar relatório mensal.

Divida em 5 blocos:

- Manhã;
- Tarde;
- Intervalos;
- Noite;
- Finais de semana.

Esse exemplo é da minha vida, mas serve pra você entender como separar o que realmente precisa ser feito em horários e dias específicos.

Só pode ser feito de manhã:

- Pediatra;
- Pagar a autoescola;
- Academia.

Flexível (a qualquer momento ou intervalos):

- Manicure.

Pode ser feito à noite:

- Ir ao mercado.

Pode ser feito no final de semana:

- Gravar vídeo;
- Faxinar a casa.

Desse modo você entende como pode definir quais tarefas são prioritárias para cada momento da sua semana. Definir dias certos para cada coisa te ajuda a evitar ansiedade e a procrastinação. Vale também reforçar que as prioridades nem sempre dependem de nós, como no caso do pediatra do meu filho, que só atende até as 11h.

5. CRIANDO UMA ROTINA CRIATIVA

Você mapeou sua rotina e entendeu que há espaço para cada tarefa que realiza, mas talvez não saiba como criar uma rotina criativa. Ainda. Para te ajudar a começar uma rotina criativa preciso que você entenda o que é criatividade.

CRIATIVIDADE

Talento nato ou adquirido para inventar, inovar ou criar.

Uma rotina se torna criativa quando você entende que pode inovar, inventar, criar espaços, atividades e tarefas com significado dentro da sua rotina com base no seu tempo livre.

Qualquer rotina, mesmo as que funcionam em horários específicos, pode ser adaptada a uma rotina criativa e livre.

Mas é importante lembrar que rotina não tem a ver com horários e sim com sequência. Você não precisa malhar todos os dias às 6h, a menos que seja o único momento que você tenha livre. Você pode intercalar. Não se preocupe, você vai entender melhor isso mais à frente.

Como encontrar tempo na rotina

Você pode ser o tipo de pessoa que passa grande parte dos dias pedindo por mais tempo ou buscando entender como usar melhor o seu tempo. Adianto: a opção 1 não te levará a lugar nenhum, até hoje ninguém conseguiu criar mais horas. Pelo menos eu não conheço.

Divisões do tempo

Você já sabe que algumas tarefas do seu dia só podem acontecer num determinado turno e também já identificou cada tipo de tarefa que realiza, mas ainda não sabe como organizar sua rotina para incluir o que gostaria de fazer, como as tarefas QUAVI, e até mesmo como não procrastinar as que são prioritárias e necessárias.

Nas divisões de tempo você irá aprender a encontrar tempo livre para incluir atividades, hobbies e hábitos na sua rotina a fim de transformá-la numa rotina criativa.

Exercício

1. **Revisite suas tarefas feitas no capítulo anterior.**

2. **Liste quais coisas você gostaria de incluir ou manter na rotina e cabem num curto tempo:**
   - Ex.: ler 15 páginas de um livro, ouvir podcast, estudar 30 minutos de inglês, aprender a bordar, caminhar etc.

3. **Analise sua rotina e liste o seu tempo livre nos intervalos das atividades:**
   - Ex.: a ida ao trabalho, pausa para o almoço, intervalo na faculdade, horas que sobram antes de sair de casa, noites mais livres, soneca da tarde do filho etc.

Você precisa estar concentrada e disposta a analisar sua rotina com carinho e afeto, sério. O tempo é um portal mágico valioso, ele só se mostra para quem realmente deseja vê-lo. Com o olhar atento é possível identificar.

Após encontrar o tempo livre, determine quais coisas cabem e inclua neste tempo.

O TEMPO É UM PORTAL MÁGICO VALIOSO, ELE SÓ SE MOSTRA PARA QUEM REALMENTE DESEJA VÊ-LO.

Tipos de tempo

Com base nas mais variadas rotinas identifiquei três tipos de tempos livres:

Tempo livre improdutivo

É o tempo gasto quando acordamos e ficamos no celular ou quando finalizamos o dia de trabalho e também ficamos no celular. Sempre o celular. Também podemos incluir aqui aquele tempo livre que você poderia incluir algo importante, mas acaba deixando de lado para fazer tarefas rotineiras, como catar os brinquedos da sala. Você sabe que vai catar esses brinquedos em algum momento, mas por costume sempre os passa na frente de atividades importantes para si. Esse tempo causa frustração, pois você sabe que não fez nada do que considera produtivo pra você e se sente num limbo.

Como aproveitar:

- Assistir a uma série;
- Pensar na prioridade do dia;
- Usar o celular para algo útil e não para rolar o feed;
- Meditar;
- Revisar um projeto;
- Incluir um hábito ou hobby.

Tempo livre produtivo

Esse é o tempo livre que você identifica sem muito esforço. Você sabe que antes de buscar a filha na escola, possui um intervalo de 40 minutos e sabe que poderia incluir uma aula de inglês, idas à academia ou qualquer outra atividade, mas talvez não saiba como aproveitar, pois gostaria de fazer muitas coisas e não chegou a uma decisão.

Como solucionar:

Para que você dê conta de diferentes atividades na semana, uma sugestão é intercalar os dias. Desse modo você terá picos de satisfação na sua semana e ao mesmo tempo realizará diferentes tarefas ou atividades. Talvez escolha ter as sextas-feiras livres e estudar inglês todas as terças e quintas, por exemplo. Você é livre para incluir na sua rotina o que considera essencial.

Como aproveitar:

Ex. 1: Ir à academia nas segundas, quartas e sextas e nas terças e quintas ler, meditar ou dedicar entre 30 e 40 minutos a projetos importantes.

Ex. 2: Em vez de praticar 40 minutos de yoga você opta por dedicar 20 minutos à yoga e ler pelos 10 restantes.

A ideia é você perceber que não é necessário estudar inglês de segunda à sexta, caso só tenha esse horário para fazer diferentes tarefas.

Você pode intercalar os dias ou reduzir o tempo.

Tempo livre disputado

Esse é o tempo que todos temos, mas nem sempre usamos. É aquele tempo onde alguma situação nos colocou, por exemplo: tempo gasto no transporte, na hora do almoço ou no passeio com o cachorro.

Como aproveitar:

Esse momento é SEU! Você não precisa de um dia lotado de coisas, então escolha coisas que você gosta como: ler algumas páginas, ouvir um podcast, assistir a um vídeo sobre física quântica, ligar pra um amigo, aprender tarô ou simplesmente acessar as redes sociais sem culpa. Este tempo pode ser um pouco estressante, então use para desopilar a mente.

Obs.: se você quiser também pode aproveitar para revisar algo importante para o dia seguinte, afinal, poderá usufruir mais tempo livre amanhã!

A ideia é que você não se prive de momentos de lazer, mas também entenda que a rotina não precisa ter todos os horários preenchidos. Evite a produtividade tóxica.

você é capaz de viver uma rotina com compromissos e responsabilidades, mas com ESPAÇO para incluir atividades e hobbies que deseja.

6. HOBBIES E HÁBITOS

Quando estamos começando ou buscando alguma mudança em nossa vida, sempre nos guiamos pelos hábitos que queremos incluir e nem sempre pensamos em hobbies. Ou, entendemos ambos como a mesma coisa. Sim, acontece com muitas pessoas.

Um capítulo para falar sobre hábitos não é o suficiente, mas o livro inteiro te ajudará a perceber que todos os caminhos levam à liberdade de alterar, remodelar e testar um formato que funcione pra você.

Qualquer hábito que você deseja incluir reflete uma aspiração que você deseja alcançar. Talvez você nunca tenha pensado nisso e muito talvez você nem entenda ao certo o que é aspiração, por isso vou resumir:

Vontade imensa de conseguir alguma coisa; sonho, ambição. Aspiração por um futuro promissor.

Ou seja, toda vontade de mudança ou movimento está ligada a uma aspiração que você projeta para sua vida.

Todos os hábitos que você carrega, sejam eles bons ou ruins, têm a ver com o meio em que você vive e a cultura à qual pertence. Não podemos abordar mudança de hábitos sem reforçar a influência do abismo social nessa questão.

Mas isso não pode ser muleta para que você não faça as mudanças que gostaria.

Qualquer mudança que você deseja fazer precisa vir do autoconhecimento. Se questione, observe e

veja como pode modelar sua rotina para caminhar em busca da liberdade. Você precisa se entender e descobrir quando funciona melhor. Já falamos disso no capítulo sobre cronotipo, onde entendemos que algumas pessoas possuem arquétipos diferentes, mas a partir de agora quero que você perceba que quase nada é culpa sua. Seja comer arroz em cima ou embaixo do feijão ou não ser uma leitora ávida. Às vezes só herdamos isso.

Portanto, para algumas pessoas é mais simples manter o hábito da leitura, pois talvez tenham estudado numa escola que estimulava esse hábito. Já para outras pessoas é natural realizar atividades manuais, pois foram criadas com uma avó artesã. Tudo que somos e até o que não somos se dá pelo cenário em que somos inseridas desde muito jovens. Pode parecer um pouco mais difícil pra você, mas o caminho importa mais do que a chegada. Lembre-se de aproveitar e se aperfeiçoar, mas apenas no que é importante para você. Seja praticar yoga ou aprender a surfar.

APENAS O QUE É IMPORTANTE PARA VOCÊ PRECISA PERMANECER.

SEJA UM HÁBITO OU UM HOBBY.

Se você deseja incluir ou abandonar hábitos, o que você precisa aprender de uma vez por todas é: não existe satisfação contínua, estamos todas sujeitas ao desânimo, imprevistos ou mudança de planos, aprenda isso o quanto antes e saiba lidar com os altos e baixos.

Como diz BJ Fogg em seu livro *Micro-hábitos*, qualquer hábito que você queira atingir precisa começar pequeno, e o mais importante: não deve contar com a motivação para ter continuidade.

Quantas vezes você não começou uma atividade só porque algum amigo te motivou?

Mas antes de entrarmos nesse assunto vamos voltar para as aspirações.

Uma aspiração pode ser se tornar uma profissional renomada, ser uma mãe atenciosa, ser uma pessoa mais saudável... Pode ser qualquer coisa que você busca alcançar no futuro. É como você deseja se enxergar e ocupar o mundo.

E com base nisso você começa a despertar alguns desejos. Vamos ver.

Para se tornar uma profissional renomada:

- Criar um planejamento de carreira;
- Fazer cursos na área;
- Ser pontual;
- Dormir melhor para acordar mais disposta;
- Aprender a liderar equipes;
- Ser proativa.

A lista só cresce.

Logo você começa se inscrevendo num curso, aprendendo sobre produtividade, sendo mais pontual e aos poucos se torna a pessoa que no seu subconsciente você deseja ser.

Os pequenos passos que você deu importam tanto quanto se inscrever numa nova pós-graduação, pois o seu objetivo é se tornar uma profissional renomada.

Para se tornar mais organizada:

- Não comprar compulsivamente;
- Manter gavetas em ordem;
- Ter papéis separados por pastas;
- Organizar melhor as tarefas diárias;
- Não procrastinar tanto na rotina.

Tudo isso te aproxima da pessoa que você quer ser: mais organizada. Mas caso você comece tudo ao mesmo tempo pode ser que você desanime pela quantidade de mudanças. Se você começar organizando suas tarefas diárias e definindo o que é realmente prioridade, você evitará a procrastinação, pois estará planejando apenas o que é essencial.

Cada atitude, por menor que seja, te aproxima da sua aspiração. Um hábito pequeno tem um poder enorme, pois ele te dá autoconfiança.

Pra quem não bebe nenhum copo de água, passar a beber um litro é incrível, correto?

Foi assim que eu vi a mudança acontecer na vida da Ana. Todos os dias na agência de publicidade em que trabalhávamos ela enchia um copo de água e com as demandas quase sempre se esquecia de beber. Certa vez ela se comprometeu em levar uma garrafa de 1 litro e só quando terminasse essa garrafa ela levantaria para ir ao banheiro ou conversar um pouco.

Passaram-se anos e ela bebia mais de 3 garrafas por dia, evitava o refrigerante e desenvolveu hábitos mais saudáveis conforme foi se sentindo capaz de implementar mudanças.

O fato de conseguir ultrapassar sua meta deu confiança para que ela tentasse outras coisas, pois não se sentia mais incapaz.

Hobbies

Já pensou em aprender a bordar ou a cuidar de plantas? Se você não considerou essas duas opções, quais já considerou?

Diferente de um hábito, os hobbies trazem diversão à primeira instância. Você escolhe um hobby com o objetivo de se divertir ou distrair. Mas e quando você não consegue manter nada na sua rotina?

Seus hobbies assim como seus hábitos precisam fazer sentido pra você. Como você gostaria de investir seu tempo livre? Quais atividades você se interessa? Responda a si mesma e faça um teste.

Algumas pessoas se sentem muito tristes por não manterem o hábito da leitura, já outras leem tanto que consideram um hobby. Independente de que lado você esteja, o que eu quero dizer a você é que pra uma pessoa que não lê com frequência se comprometer com 2 páginas por dia é um bom começo.

E para incluir hobbies basta decidir o momento certo para iniciar. Veja a seguir um questionário para inclusão de um hobby.

Questionário

1. **Qual atividade você pretende fazer?**

2. **Em que momento da sua rotina?**

3. **Quando você irá começar?**

4. **É necessário comprar algo?**

Algumas perguntas simples como essas podem definir se essa atividade cabe ou não na sua rotina.

Você não está competindo com ninguém, esse hobby é seu e foi escolhido para fazer parte da sua rotina criativa.

Apenas isso importa!

7. COMO CRIAR UM PLANEJAMENTO ESSENCIAL

Há quanto tempo você se planeja? E quantas vezes sentiu que não cumpria o combinado?

Bem-vinda ao universo infinito dos planejamentos não cumpridos.

Você não está sozinha

Estamos todas buscando organizar rotinas e criar planejamentos que nos ajudem a cumprir o que precisa ser feito. Mas o que não expomos é que buscamos mais do que tarefas cumpridas, mesmo que isso traga um prazer enorme. O que estamos buscando, há tempos, é sentir alegria em viver o dia a dia. Queremos parar de procrastinar, sentir mais ânimo e menos vontade de deixar tudo como está — uma zona.

Você está buscando a melhor versão da vida. A melhor maneira de performar nas áreas que ocupa. Então antes de começar a falar sobre planejar o essencial, quero que você repita o mantra:

> **"**
>
> **Mesmo com todos os erros, tarefas não cumpridas, projetos abandonados, o que eu busco é uma vida com significado.**
>
> **Estou pronta para tentar de novo.**
>
> **"**

Qual é o objetivo de um planejamento?

A ideia de criar um planejamento é ter um guia que leve você a cumprir o que é essencial e que de alguma forma te faça concluir projetos e etapas fundamentais para passar de níveis. Seja na organização da casa, na educação dos filhos, no trabalho ou em projetos paralelos.

Quando você cria um planejamento, você está pondo no mundo um mapa que somente você entende as inclinações e o destino final. Falando nisso, qual é o destino?

Quando for criar um planejamento olhe para todos os lados e para todas as possibilidades. Com calma. Você não precisa de uma lista cheia de tarefas, gerenciadores abarrotados de ideias, mas sim de um guia prático que se encaixe no que você busca.

O passo a passo para começar a criar um planejamento:

- Olhe o calendário;
- Revisite o que foi feito na última semana ou mês;
- Cheque os prazos;
- Revise os projetos em andamento;
- Ande pela casa ou mude os ares para ter insights;
- Recorra à caixa de entrada;
- Tenha metas de curto prazo.

Você precisa ter um norte e a melhor forma é olhando para um calendário. Leve em consideração aniversários importantes, datas, prazos e tarefas pendentes. O objetivo é sempre resolver o que é prioridade, por isso começamos com as datas.

Datas são diferentes de prazos. Você tem 6 semanas para enviar um relatório, isso é um prazo. Você tem médico no próximo dia 10, isso é um compromisso datado. É importante distinguir isso para que você entenda o que é a prioridade de determinado dia. Se algo que possui data está mais próximo, esse compromisso é a prioridade.

Planejando o essencial

Apesar de termos muitos projetos paralelos em nossa vida, nem todos precisam ser tocados ao mesmo tempo.

Tenha em mente o que precisa ser realizado. Saiba quais são suas metas e planos para o mês e veja se o que você está incluindo no seu planejamento reflete isso.

Se o seu objetivo desta semana é organizar o seu quarto, talvez ter no seu planejamento uma tarefa para organizar potes da cozinha, não seja o certo.

Mas não posso listar essas duas tarefas? Claro que pode, você só precisa se atentar se não está passando tarefas que surgiram de última hora na frente do que já estava no planejamento.

Para seguir suas metas, mesmo que haja outras coisas a serem feitas, você vai começar pelo que é essencial neste momento.

O mesmo vale para projetos pessoais

Se a sua meta do mês é finalizar aquele curso que você comprou e abandonou, talvez não seja prudente se matricular em mais um. Respeite o seu objetivo e tente manter no planejamento o que é essencial pra você.

Planejar pode ser o melhor caminho para qualquer área da sua vida, mas o exagero pode te desmotivar demais.

Um planejamento não essencial faz:

- Desanimar de projetos;
- Procrastinar;
- Não encontrar significado nas tarefas que faz;
- Se sentir sempre exausta;
- Encontrar mais problemas do que solução.

Um planejamento essencial faz:

- Perceber o que vale manter;
- Definir prioridades;
- Controlar a ansiedade;
- Ver valor no que realiza;
- Encontrar foco para seguir;
- Manter apenas o que é útil.

Com certeza você deixará de cumprir o planejamento em algum momento, mas garanto que serão poucas vezes. Após criar um planejamento essencial você terá prazer em dedicar tempo para isso.

Ritual para criar um planejamento essencial:

- Escolha a ferramenta adequada;
- Use materiais para estimular: post it, fitas, adesivos, marca-texto;
- Tenha um calendário de papel ou de parede sempre por perto;
- Escolha um dia específico para fazer o planejamento;
- Revise-o sempre que a semana finalizar;
- Tenha um espaço para se planejar e mantenha-o limpo;
- Tenha tudo organizado num local adequado.

Crie o seu planejamento essencial

1. Escolha a ferramenta;

2. Defina o dia que irá se planejar;

3. Como você irá começar? Calendário? Revisão? Escolha;

4. Selecione uma música para te inspirar assim que começar seu planejamento.

8. MENTALIDADE CRIATIVA

Você já sabe o que é criatividade e já entendeu que pode ser criativa em qualquer área da sua vida.

A questão é que, mesmo tendo conhecimento disso, você pode não exercitar a criatividade, por isso, mais do que saber que é possível, quero que você crie uma mentalidade criativa.

PLANEJAR E ORGANIZAR É ESSENCIAL, MAS AGIR É O QUE TORNA TUDO REAL.

Criando uma mentalidade criativa

Somente a criatividade fará você enxergar alternativas para tudo o que busca na vida e criar essa mentalidade transformará você em uma pessoa mais executora. Uma pessoa executora tem mais proatividade e consegue agir mais rápido, mesmo que no futuro algumas coisas sejam alteradas.

Vamos começar:

1. Saiba que pode errar

Essa é a sua vida, suas escolhas, seus projetos e seu planejamento. De hoje em diante você irá se permitir errar. Sem culpa! Agir é mais importante do que esperar uma solução cair do céu, portanto, quando sentir medo de tocar um projeto ou qualquer situação da sua vida, se pergunte: eu perco algo por me arriscar ou eu perco mais se eu não fizer nada?

Se a resposta for a segunda, se permita.

2. Leia mais sobre pessoas criativas

Leia sobre pessoas criativas, pessoas que superaram medos e começaram do zero, e se inspire. Normalmente chamamos de biografia esse tipo de leitura, mas ao meu ver são quase manifestos de pessoas que mudaram suas mentalidades e usaram a criatividade como guia.

3. Busque alternativas

Se você não puder fazer do jeito que planejou, de que forma poderá dar continuidade?

Se o seu hábito de correr todos os dias foi interrompido por uma contusão no joelho, como você pode manter o hábito de se exercitar?

Sempre há outra alternativa.

4. Remodele o seu jeito de solucionar questões

Se você busca solucionar questões procurando alguém para te ajudar com uma resposta específica, te aconselho a pedir mais dicas do que respostas. Se usa a internet à procura de respostas imediatas, te aconselho a pequisar também em livros.

Veja bem, se você comprou esse livro possivelmente sabe que começamos no Instagram e talvez já tenha colocado alguma das minhas dicas em prática, no entanto, foi uma seguidora ávida e buscou outras fontes até encontrar este livro. No Instagram você recebe dicas práticas para problemas, mas aqui você muda sua mentalidade e aprende de forma eficaz como aplicar na vida.

5. Cultive alguns hobbies

A mentalidade não se modifica sozinha, é necessário se desafiar. Você não precisa começar uma horta em casa, mas caso goste de plantas pode cultivar algumas mudas e aprender sobre elas. Caso

não busque respostas numa única fonte. →

Tenha seu próprio REPERTÓRIO.

goste de jogos, pode escolher um jogo novo como xadrez para se permitir ser mais estrategista, tricô para aprender a combinar cores e pontos diferentes ou qualquer outra coisa que te ponha em movimento.

6. Faça parte de um clube

Nem sempre podemos mudar os hábitos dos nossos amigos ou parceiros, mas podemos nos aproximar de pessoas que buscam o mesmo que nós. Não estou falando apenas de seguir contas no Instagram, mas sim de ser ativa, trocar figurinhas, participar de desafios, seguir cronogramas em grupos. Essas pessoas poderão te ajudar a se aproximar de quem você quer ser.

7. Seja grata

Existe uma receita para manter a mente criativa? Eu diria que é evitar o pessimismo e praticar mais a gratidão. Não de uma forma conhecida como positividade tóxica, onde parece regra ser feliz todos os dias, mas sendo grata pelo que deu certo até aqui. Evitar o humor ácido e tentar confiar que suas escolhas são boas para você.

Isso mais do que qualquer coisa te dará o passaporte para uma mente criativa.

Se a sua bolha de amigos não acredita que positividade pode te ajudar a ser livre, encontre uma que mostre que é possível e ajude você a construir esse pensamento.

Seja grata por estar lendo este livro e seja otimista que sua vida será transformada.

Como você irá construir uma mentalidade criativa?

Diga aqui o que irá ler, para qual projeto irá criar duas alternativas, a que clube gostaria de pertencer e qual hobby irá cultivar:

Eu vou

Eu vou

Eu vou

Eu vou

Eu vou

Eu vou

Eu vou

9. ACOLHENDO AS MUDANÇAS

Você caminhou um longo caminho em busca da sua melhor versão e de uma vida mais significativa. Talvez tenha implementado novos hábitos, criado uma rotina criativa e melhorado seu gerenciamento de tempo, mas nada disso te isenta de sofrer alterações no percurso.

Neste capítulo eu quero te preparar pra isso.

Vi inúmeras pessoas precisarem revisar seu planejamento e até modificar a rotina que viviam há anos por conta de mudanças inesperadas — ou até esperadas. A perda de um avô, a doença de um filho, a mudança de cidade, uma crise de ansiedade, demissão, gravidez, graduação, e por aí vai.

Toda mudança traz uma nova bagagem, mas essa bagagem vem com roupas, itens e sapatos que não eram seus e você nem sabe se servem, mas se o que era velho não te serve mais, o que você pode fazer?

Vestir o novo.

Não busque traçar uma batalha com aquilo que você não pode controlar, use sua energia para aprender a lidar com o que está acontecendo aqui e agora.

Se permita experimentar, ousar, criar uma nova rotina que se encaixe e mais do que qualquer coisa. Se permita vivenciar! Não busque pelo passado, não busque por algo que não será mais alcançado, faça como no começo: *aprecie a jornada.*

Eu sei, a nossa zona de conforto é muito boa, por isso ela se chama zona de conforto e eu não vejo isso como negativo, mas refletindo um pouco sobre o tempo e a brevidade da vida, acho que o que vale mesmo é arriscar em busca da felicidade.

Se você está passando por uma mudança da qual todo um cenário será modificado, saiba:

- Você está liberada para incluir pausas em atividades que não se encaixam;

- Você pode aprender uma nova ferramenta que se encaixe;

- A rotina é uma parte importante, mas isso não significa que nunca será alterada;

- Toda mudança traz uma surpresa;

- A jornada importa mais do que a chegada;

Se preocupe com o que importa para você e com o que te aproxima da pessoa que você busca ser.

Caso você esteja vivenciando uma mudança, siga essas dicas:

1. Liste o que mudará na sua rotina atual;

2. Liste quais hábitos você precisará adquirir;

3. Liste hobbies e hábitos que serão impactados;

4. Liste o que essa mudança representa pra você;

5. Liste de que forma você pretende continuar fazendo o que gosta.

Lembre-se: você não precisa manter a mesma quantidade, apenas a constância. Se não dá mais para fazer 50 minutos de yoga, faça 10. Se não dispõe de muito tempo para ler, leia apenas duas páginas. Reduza a velocidade, não a constância.

TODA MUDANÇA TRAZ UMA SURPRESA

10. ABRINDO MÃO DO AUTOCONTROLE

Se tem uma coisa que atrapalha qualquer mudança que desejamos efetivar na nossa vida é a nossa necessidade de controle. Estamos sempre tentando realizar ações com formatos repetidos, onde sabemos exatamente o que vem depois e como podemos seguir, mas a grande realidade é que a vida não depende somente de nós. Há forças maiores que não podemos controlar, tanto internamente quanto externamente.

Você já ouviu falar em forças internas e forças externas? Quem trabalha com administração, empreende ou trabalha com comunicação social provavelmente já ouviu falar em *Matriz FOFA.*

O que é matriz FOFA

A matriz FOFA é uma das ferramentas mais úteis que temos ao nosso dispor para entender o ambiente em que estamos inseridas e avaliar as informações necessárias para planejar o nosso futuro. O termo SWOT é o acrônimo para **Strengths, Weaknesses, Opportunities and Threats.** Quando traduzimos para o português temos a sigla FOFA, que significa **Forças, Fraquezas, Oportunidades e Ameaças.**

Essa é uma forma perfeita para conhecer aquilo que você pode ou não controlar e, de certo modo, largar mão do autocontrole.

Veja bem, sempre que sentir que há um projeto na sua vida pessoal ou profissional que precisa ser avaliado com mais profundidade, crie uma matriz FOFA, preveja o que pode ser antecipado e deixe o que não depende de você para as forças do universo, ou do governo.

Análise interna x análise externa

A **análise interna** depende inteiramente de você. Só você pode controlar, resolver ou encontrar formas diferentes de fazer acontecer.

A **análise externa** é autoexplicativa, envolve fatores externos que você não pode controlar. Como a economia ou a falta de um pai na vida de um filho.

Fatores positivos e negativos

- **Fator positivo do ambiente interno:** Forças.

- **Fator negativo do ambiente interno:** Fraquezas.

- **Fator positivo do ambiente externo:** Oportunidades.

- **Fator negativo do ambiente externo:** Ameaças.

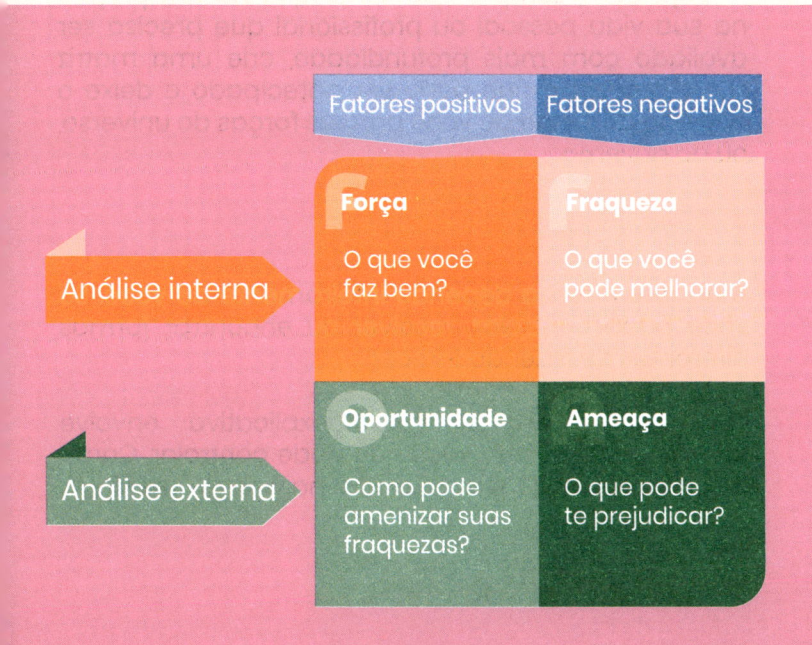

Vamos montar uma matriz FOFA para uma pessoa que deseja começar a escrever um livro.

FORÇAS	FRAQUEZAS
• Boa escrita; • Vasto repertório; • Ambiente favorável; • Possibilidade de tirar férias.	• Nunca fez antes; • Falta de clareza; • Indecisão sobre o valor do tema; • Necessidade de apoio para cuidar do filho pequeno.
OPORTUNIDADES	AMEAÇAS
• Tem conhecimento no mercado editorial; • Tem amigos influentes; • Estudou com pessoas renomadas.	• Falta de entendimento sobre marketing de livros; • Não é uma pessoa reconhecida; • O tema não é tão procurado por editoras; • Não possui contato com agentes; • Crise econômica.

Focando nas ameaças, percebemos que saem do controle da pessoa e ela pode procurar alguém para resolver essas questões, mas não pode fazer com que o tema se torne relevante da noite para o dia. Ou seja, ela não pode controlar, assim como a crise econômica.

Já as fraquezas são internas e com dedicação, apoio e tempo é possível solucionar rapidamente.

Quando criamos um sistema para projetos importantes, deixamos de lado o que podemos ou não controlar.

Para visualizar outras situações, observe este círculo:

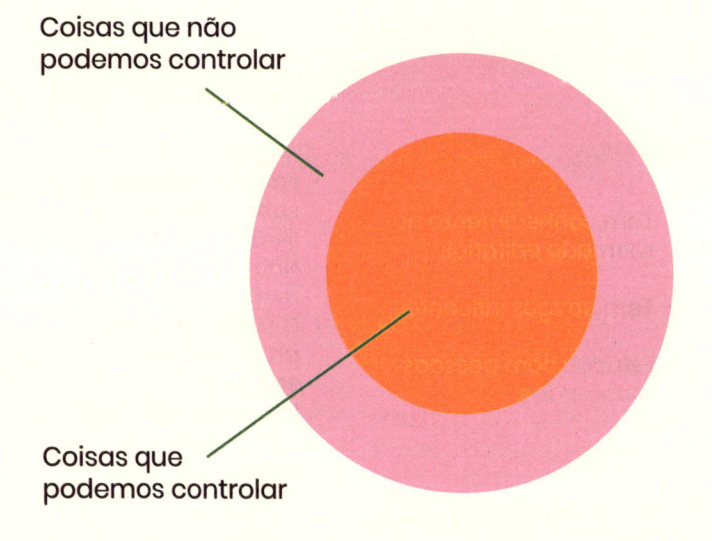

Coisas que não podemos controlar

Coisas que podemos controlar

Coisas que você pode controlar:

- O horário em que acorda;

- O que come;

- Quando arrumar a casa;

- Quais hábitos cabem na sua rotina;

- Prioridades;

- O que você pode fazer;

- Como as pessoas te tratam.

Coisas que você não pode controlar:

- A economia do país;

- A carga horária do seu trabalho;

- Imprevistos na escola do filho;

- Como você se sente após comer algo gorduroso;

- Alguma doença que te impeça de realizar alguma atividade;

- O jeito que as pessoas lidam com os sentimentos delas;

- Como as pessoas se comportam.

Você pode me dizer "mas eu acordo às 5h para trabalhar", eu entendo, mas ainda assim você pode escolher se acorda às 4h30 ou às 5h, entende?

"Meu chefe é tóxico." Você não controla como as pessoas se comportam, mas você pode lidar melhor com os sentimentos que elas causam em você e talvez seja possível levar ao RH.

Eu sei, é difícil neste ponto tomar certas decisões, eu mesma passei por isso e já chorei diversas vezes no banheiro, mas a grande questão é que você pode controlar como as pessoas te tratam, mesmo que não seja de forma imediata, você pode agir, criar um plano para sair da empresa, buscar ajuda e até mesmo conversar.

Visualizar o que podemos controlar não significa que temos um superpoder na mente onde resolvemos qualquer situação só pensando "Opa, isso eu posso controlar!". Não funciona desse jeito. Mas sim entendendo que é possível mudar esse cenário ou circunstância. Seja pedindo ou contratando ajuda, fazendo terapia, praticando autoconhecimento ou apenas se organizando para tomar uma atitude.

O que eu quero dizer é que você precisa investir seu tempo e pensamento apenas no que é importante e esteja ao seu alcance; em caso negativo, se liberte desse fardo.

Faça a matriz FOFA e o Círculo do descontrole sempre que sentir necessidade. Se preferir, use um lápis aqui para refazer quando quiser ou acesse o link ao final do livro para baixar o material.

OBJETIVO:

FORÇAS

FRAQUEZAS

OPORTUNIDADES

AMEAÇAS

criatividade

11. VIVENDO UMA VIDA CRIATIVA

Se teve uma palavra que acompanhou você desde início deste livro foi *criatividade*. O motivo é simples: queremos criar com afeto, sem rótulos e fórmulas imutáveis. Somente a criatividade permite a expansão da mente sem regras ou medo.

Você é livre para criar, livre para errar e refazer. Ao encontrar erros você irá analisá-los a fim de encontrar a melhor solução.

Desde o momento em que você comprou este livro, seja você seguidora ou não do Hábitos que Mudam no Instagram, você estava motivada a planejar sua vida, mudar seus hábitos e se envolver com a criatividade. Você já era capaz antes mesmo de realizar.

Você está sempre fazendo escolhas.

Para viver uma vida com criatividade você não precisa ser uma pseudogênia, não precisa ser a pessoa que vive com canetinhas, cores e tintas espalhadas pela casa, tampouco ter um escritório cheio de papéis.

Para viver uma vida criativa você precisa mudar sua mentalidade e foi o que fizemos desde o início deste livro. Viver uma vida criativa é fazer escolhas que não fogem dos riscos e que mostram que tá tudo bem recomeçar ou mudar de ideia.

Você já está vivendo essa realidade e poderá recorrer ao livro sempre que sentir dúvida.

Durante todo o percurso até aqui construímos uma abordagem que evidencia que o problema não é você, que construir novos hábitos leva tempo e que o ambiente que vivemos e a nossa cultura influencia todas as nossas ações.

Para viver uma vida criativa você só precisa se pôr em ação e deixar a mente livre.

Mas se quiser um caminho, leia esses passos.

11 passos para viver uma vida criativa

1. Desconstruir a ideia de que para tudo na vida só existe certo ou errado;

2. Não ter medo de mudar de ideia;

3. Ouvir a própria intuição quando for aprender ou implementar algo novo;

4. Cultivar o afeto pela sua rotina;

5. Não incluir hábitos e hobbies que não se relacionam com você;

6. Praticar o autoconhecimento;

7. Descansar sempre que possível, sempre que puder;

8. Dar atenção apenas ao que é essencial;

9. Cultivar uma mentalidade que te aproxima de quem você quer ser;

10. Acolher suas mudanças;

11. Assumir riscos.

E por fim, sinta-se à vontade para criar o seu passo a passo.

Quais você acha que são os seus passos para uma vida criativa? Liste aqui!

1. _____

2. _____

3. _____

4. _____

5. _____

6. _____

7. _____

8. _____

9. _____

10. _____

11. _____

Práticas SOS

Regra dos dois minutos

A regra dos dois minutos é bem simples e foi inventada por David Allen, autor do livro *A arte de fazer acontecer*. Ela basicamente consiste em realizar qualquer tarefa na hora em que você está listando-a, mas apenas se ela levar menos de dois minutos para ser executada, como estender uma toalha que estava no sofá.

Ela é bem eficaz e funciona muito bem se você usar o método pomodoro.

Produtividade tóxica

A produtividade trouxe para nós uma busca incessante por mais. Seja mais tempo, mais produção, mais energia ou tarefas concluídas. Produtividade se tornou algo ligado a autoestima e não somente a produção.

Mas a grande questão é: só é necessário produzir quando existe demanda. Se não há demanda, por que lotar uma agenda com compromissos?

Saiba exatamente quando você deve e pode parar.

A construção de listas de tarefas intermináveis não nos deixa mais produtivas, apenas tira o efeito positivo de definir uma prioridade e de fato cumpri-la.

Como evitar a produtividade tóxica

1. Faça um planejamento possível e que seja composto por tarefas que precisam ser feitas por você.

2. Avalie sua emoção e se guie por ela sempre que possível. Se você percebeu que não está numa semana muito boa, realoque possíveis tarefas, compromissos e encontros.

3. Saiba dizer não. Você não precisa estar sempre disponível e pode deixar algumas atividades e tarefas para depois. Diga não sem culpa. Para exercitar, aconselho ler o livro *Essencialismo*.

4. Não confunda quantidade com qualidade. Não adianta realizar 20 tarefas, mas dormir poucas horas durante a noite. A mesma regra se aplica para uma rotina cheia de hábitos, mas que não inclui pausas e autocuidado.

Descanso sem culpa

Não se culpe por descansar, seja da forma que você interioriza o que é descanso. Dormir não é pausa, é necessidade fisiológica, você precisa disso. O descanso nos ajuda a evitar sensações como exaustão, estafa e até mesmo um burnout.

O descanso pode ser incluído em vários momentos do seu dia, após uma tarefa intensa, uma reunião, a preparação de uma refeição ou simplesmente optar por deixar de lado tarefas que não precisam ser feitas agora.

Telefone como apoio

O telefone tem muitos benefícios. Hoje podemos fazer yoga sem sair de casa, assim como pedir comida sem precisar ligar, isso não é fantástico? Mas também há suas armadilhas. A real é que ficou tudo tão acessível que é aparentemente impossível evitar o uso dos aparelhos. Mas é possível alinhar o uso do celular com os seus objetivos de vida.

Algumas dicas básicas:

1. Estipule um tempo para o uso das telas;

2. Seja metódica quando necessário. Quer passar uma semana focada e perde muito tempo no Instagram? Desintale o app pelo tempo que achar necessário;

3. Descubra de que forma você pode utilizar o celular ao seu favor: meditação, yoga, leitura, séries etc.;

4. Inclua hobbies na sua rotina. Venhamos e convenhamos, é bem fácil ficar ao telefone quando não há nada de entusiasmante para fazer, né? Inclua hobbies na sua rotina;

5. Crie rituais que não envolvam o celular. Um desafio, hein!

Rotina flexível e adaptação ao imprevisto

Rotina não é prisão.

Quando acertamos numa rotina, empilhamos tão bem os pratinhos que não queremos que nada os abale. O único problema de empilhar os pratos e achar que nada pode abalar a estrutura é que a vida é feita de imprevistos, e tentar controlar isso só nos leva a dois caminhos: frustração e ansiedade.

Aceitar o curso natural da vida é parte do processo de criar uma rotina criativa, afinal, criatividade não é sobre criar?

Quando algo sair do planejado, se permita ficar chateada, mas acolha as mudanças. Aceite que você não tem o controle de tudo e que não é culpa sua.

Seja maleável e torne os imprevistos motivos para reavaliar a rota.

Você pode recomeçar quantas vezes quiser!

Caixa de entrada

Uma das coisas que eu mais escuto das pessoas é: "eu não consigo seguir o planejamento" ou "eu não tenho muito o que planejar". Uma grande aliada do planejamento é a caixa de entrada, que já mencionei anteriormente. Um ambiente seguro e livre onde você reúne as principais tarefas que deseja ou precisa realizar na semana.

Você deixa um espaço que pode ser uma folha, um bloco, um caderno ou aplicativo perto de você e lista tudo que vier à sua mente, sem discriminar o local adequado para cada coisa. Reúna tudo que está ocupando espaço na sua mente, desde marcar ginecologista e lavar um par de sapatos a enviar e-mail cobrando boleto da internet.

A caixa de entrada é literalmente a entrada de tudo que está ocupando espaço na sua mente e pode ser facilmente esquecido. A minha dica é:

Quando você for planejar a semana, tente ser consciente e reflita se cada tarefa cabe realmente neste dia. Use a caixa de entrada como guia para se planejar e distribuir as suas tarefas a níveis de prioridade.

Blocos de tempo

Blocos de tempo são mundialmente conhecidos como Time Box, usado no Scrum. O Time box consiste em definir o tempo máximo para atingir as metas ou executar um conjunto de tarefas. Muito usado para tarefas em equipe. Ele ajuda a definir o tempo disponível para executar tarefas específicas, principalmente quando o projeto tem data de entrega definida.

Na vida pessoal os blocos de tempo podem ser usados para reunir tarefas que podem ser realizadas no mesmo período. Isso ajuda a reduzir a procrastinação e o desânimo que você pode encontrar no decorrer do dia. Se aliado a um ritual, é muito mais provável que um hábito ou atividade se mantenha na sua vida.

Um exemplo do meu bloco de tempo matinal:

De 06h às 09h:

- Yoga;
- Meditação;
- Café da manhã;
- Leitura.

Ele me ajuda a agrupar tarefas que, quando feitas juntas, trazem mais sentido à rotina.

Rituais

Falamos sobre blocos de tempo e nada melhor do que emendar nos rituais logo em sequência. Algumas pessoas entendem como rotina, mas o objetivo é reunir espaço, tempo, elementos e atividades que tornem um hábito prazeroso.

Rituais são os preparos que antecedem suas atividades ou rotina. Podem permanecer durante a realização ou serem feitos com antecedência.

Usando o meu bloco de tempo acima, o meu ritual matinal consiste em:

- Deixar a cafeteira preparada de véspera;
- Após ligar a cafeteira de manhã, estendo o meu tapete de yoga;
- Após praticar yoga e meditação, tomo banho;
- Ligar na minha playlist, minha caixa de som já fica no banheiro;
- Tomar banho e ao sair minha roupa também já estava separada na noite anterior;
- Tomar café e só após limpar a pia, pegar o celular e ler os e-mails.

A lista envolve hábitos que eu quero manter e diminui aqueles que quero evitar, como ficar muito tempo no celular pela manhã. Lendo assim, parece uma vida regrada, mas não é. Trata-se de comportamentos que eu percebi que já fazia, mas que alinhados me ajudam a evitar a procrastinação e me mantêm focada.

Revisão semanal e diário

Se eu pudesse dar apenas uma dica indispensável para a sua rotina funcionar, seria revisar sua semana todo domingo e ter um diário para escrever pequenos acontecimentos. Revisar a semana ajuda a antecipar o que não poderá ser feito e entender o que, naquele dia, fez com que você não concluísse as tarefas ou atividades planejadas.

Já o diário é um ótimo aliado para aliviar as tensões de não conseguir realizar algo e lidar melhor com imprevistos.

Admito que nunca reli meu diário, mas sei que se em algum momento for preciso, lá estarão grandes respostas.

O diário ajuda a nos conectarmos com nós mesmos, mesmo escrevendo duas linhas, o poder de se expressar já estará sendo ativado.

Pequenos hábitos trazem grandes mudanças.

Acesse os arquivos extras:

https://www.habitosquemudam.com.br/livro/

Fim

Este livro foi feito para libertar.

As cores, a linguagem e toda a comunicação falam com um adulto, mas quer tocar a sua criança interior. Cheia de traumas, costumes e hábitos impostos pela sociedade ou cultura em que vive. Podemos e devemos buscar uma vida com significado.

Meu lembrete neste livro é que você nunca deixe seu tempo passar despercebido. Não importa se você tem a rotina muito cheia ou com poucas demandas, independente do que você exerça, saiba o que está fazendo e trace um caminho para atingir a sua maior aspiração.

Você merece viver uma vida com significado todos os dias e isso significa acolher o que acontece fora do seu controle. Você não controla tudo, tampouco os caminhos da vida.

Não tente anular sua vulnerabilidade, nem os seus sentimentos, mesmo os que doem. Escolha recomeçar todos os dias e busque prazer no que realiza.

Depois de descobrir prazer em ser quem é, assumir seus riscos e aceitar que a sua jornada é diferente das de outras pessoas, você estará a um passo de uma vida mais feliz e uma rotina mais criativa.

Você merece a liberdade.

Pratique o autocuidado e o autoconhecimento.

Agradecimentos

Em primeiro lugar agradeço à comunidade Hábitos que Mudam, no Instagram, que me acompanha há anos e sempre apoia e contribui com qualquer sonho, projeto ou divagações que desenvolvo por lá.

Agradeço imensamente todo o amor e carinho que recebo de vocês.

As pessoas mais importantes da minha vida, Eleomar, Greicy, Júnior, Edson e Gael. Tati, Derick e Ana, amigos fiéis e incentivadores, e, claro, Rafa Machado, que além de editora do livro, é uma grande amiga que encontrou no Hábitos muitas possibilidades.

Agradeço a todos que, de alguma forma, apoiam e incentivam a vida criativa, pois juntes construímos uma vida com mais possibilidades e liberdade para erros e acertos.

Impresso na Cromosete